斎藤一人

人生がすべてうまくいく“魂”の成長

斎藤一人 著
舛岡はなゑ 監修

プレジデント社

あなたはこれまで、どうしても
人生がうまくいかなくて
悩んだ経験はないでしょうか。

一生懸命がんばっているのに、
なぜかうまくいかない。

真面目に努力しているのに、
いい結果につながらない。

こういう時に、ちょっと考えてみて
ほしいことがあります。

これまであなたは、
ほかの人や、親の意見、
世間の常識に
しばられていませんでしたか？

私は、「他人の意見や、世間の常識が間違っている」と
言いたいわけではありません。

他人の意見や、世間の常識どおりにやって
成功している人もいます。

他人の意見や世間の常識が、
必ずしも〝**あなたにとって正しいとは限らない**〟
と、私は言いたいのです。

私の考え方は、世間の人たちが言っていることと
だいぶ違うかもしれません。

なぜそうなるのかというと、
それは〝**見方**〟が少し違うのです。

世間一般の常識的な見方と同じではなく、
物質的な成功論や人生論、
道徳論とも違います。

あえて言うならば、私の見方は

人生が好転する考え方

＝

「魂の成長論」

なんです。

どんな問題でも「魂の成長」という見方をすれば
解決策は必ず見つかり、逆に言えば、
すべての問題は、
魂の成長のために起こるのです。

では、どうすれば魂が成長して、
その結果、人生が好転していくのか。
それを本書で明らかにしていきたいと思います。

私の師匠である斎藤一人さんは、「**もっと楽しく生きようよ**」と、いつも言います。さらに、

「**魂を成長させて、〝本当の自分の気持ち〟に従えばいいんだよ**」

と教えてくれます。

でも、実は多くの人が、本当の自分の気持ちに従うことができていません。

第4章でも詳しくお伝えしますが、その原因は〝抑圧〟にあります。

幼い頃から、親や先生に「こうしないといけない」など言われていると、自分の本心が抑えつけられてしまうのです。

自分の心が〝抑圧〟されることが続くと、周りから「それではダメ」「こうしなさい」と言われたことを〝自分の気持ち〟と思うようになり、本当の自分がわからなくなってしまうのです。

自分の心がいま、どれくらい抑圧されているか、本人はなかなか気づくことができません。

では、どうすれば「思い込み」や「抑圧」から解放することができるのでしょうか。

それは、**〝他人軸〟ではなく、〝自分軸〟で生きる**……このような観点で、今までの人生を見つめ直してみると、「本当の自分を生きる」ということが、少しずつ実感できるようになります。

本当の自分を生きて、人生がうまくいくための考え方＝「魂の成長」。

それが、この本のテーマです。

２０１９年にプレジデント社から発刊した『人生がなぜかうまくいく人の考え方』（プレジデント社）と同様に、本来は弟子である私が師匠の本を監修するのはおこがましいことかもしれませんが、一人さんから名代という名誉を一番に指名された身として、一人さんの教えがよりわかりやすく伝わるように、今回の本でも、私の解説を付け加えさせていただきました。

本来、魂が成長している時は、人はワクワクしています。

そして、それは何も難しいことではなく、これまで人生がうまくいっていなかったとしても、魂が成長することで、運がどんどん良くなったり、幸せや成功を手にしたりすることができるのです。

あなたが勇気を出して、一歩前に進んだその先には、必ず明るい世界が広がっていることを信じて、本文にお進みくださいね。

2020年8月吉日

舛岡はなゑ

第1章

人生で「成功できる人」「できない人」の違い

第2章

本当の自分の気持ちに従うと自然と成功する

第3章

自分の機嫌を自分でとるとうまくいく

第4章

抑圧から自分を解放して「本当の自分」を取り戻す

第1章

人生で「成功できる人」「できない人」の違い

魂

「本当の自分の気持ち」に従えば、すべてうまくいく

どうすれば、あなたの〝魂〟は成長して、人生がうまくいくようになるのでしょうか。

この答えは、ものすごく簡単なの。

「本当の自分の気持ち」に従えばいいんです。

でも、多くの人は、本当の自分の気持ちに従うことができない。

「従っちゃいけない」と思っているか、思わされているんです。

例えば、私たちの心の中にある〝欲〟。

〝欲〟とは、本当の自分の気持ちの表れです。

なぜ、人間に〝欲〟があるのかというと、それが魂の成長に必要だから。

それを「欲張っちゃいけない」とか、「欲は悪いもの」といって、抑え込もうとするからおかしくなるんだよ。

〝欲〟は、神様が人間につけてくれたものなの。魂を成長させていくために必要だから、つけてくれたんです。

「人から若く見られたい」って、みんな思うことなんだよね。

全員が「若く見られたい」という〝欲〟を持っているのは、それは神様がつけてくれた証拠。だから、「若く見られたい」って〝神ごと〟なんだよ。

女性はキレイになりたいの。

男性はキレイな女性が好きなの。

それで、うまくいくようになっているんです。

「欲張っちゃいけない」とか「欲は悪いもの」と思うのは、必要以上に求めたり、やりすぎたりするからいけないの。

でも〝欲〟って、きちんと制御できるようになっていて、それを学ぶのも魂の成長なんだよね。

性欲だって、必要だからあるんです。

もし性欲が悪いものだとしたら、私たちは悪いことをして生まれてきたことになってしまう。そうなると、みんなが「罪人の子」になっちゃうの。

好きな人同士が、愛し合って生まれてきた「かけがえのない命」なんだから、素晴らしいことなんだよね。

だからやっぱり、愛し合うっていうことも〝神ごと〟なんです。

人生は、〝欲〟との向き合い方で決まる

〝欲〟は、本当の自分の気持ち。
抑え込もうとせず、〝欲〟から学びとっていく

感謝の輪

教え合って助け合う。これが、一番ラクに成功する方法

私の中学生の頃の話で、学期末に定期試験があると、その時だけ席の並び方が変わるんです。

ある試験の時に、隣にいた子がすごく頭のいい女の子で、答案用紙をパーッと書き終えると、私の方に寄せて見せてくれるんだよ。

いい話でしょ（笑）。

それで私はどうしたかというと、全部見ちゃうとまずいから、ちょこっと見て自分の答案用紙に書くわけ。

そうすると、1つの問題が10点だとしたら、2つ見ても20点増えるよね。

それを、ほかの科目のテストでも見せてくれるから、全体として成績がすごく上がっちゃったんだよ。


それから何日かしたあとに学校へ行った時、みんなが「斎藤さん頑張りましたね」、「努力をしましたね」とか言うから、何の話かなって思ったんだよね。

そうしたら「特に努力した人」ということで、私の名前が学校に貼り出されていたの。

「なんで名前が貼り出されているのかな？」って考えたら、そこでカンニングしたことを思い出したんだよ（笑）。

その時に思ったことは、「見せ合ったら、成績は伸びる」ってこと。


お互いできることを教え合う。

例えば、ひとつのクラスで試験をすると、全員が見たら知っている問題って絶対あるんだよ。「この問題は私ができます」とか「これ、私知っています」って全員が教え合ったら、みんな100点になっちゃうんだよね。

社会で成功する道は、それだな。

一番ラクに成功する道は「見せ合うこと」であり、「助け合うこと」なの。学校の試験だとカンニングだって言われるけれど、社会に出たら、そんなルールはないよね。

できる人は、できない人に教えてあげると、さらにできるようになる。できない人は、教えてもらって仕事も覚えるけれど、感謝も覚える。

できるようになった人は、またできない人に教えてあげて、感謝の輪が広がる。私が仕事で成功し続けられるのは、お互いに教え合えて助け合える仲間たちがいるからだと思っています。

成功するためには〝感謝の輪〟をどんどん広げる

できないことは、できる人に教えてもらう。
できるようになったら、今度は教えてあげる

道

困難に直面した時の考え方、行動の仕方

人生とは、魂を成長させるための〝道〟なんです。

剣道とか柔道って〝道〟がついているけれど、これこそが、ほかのスポーツや格闘技と違うところなの。

ボクシングやレスリングの試合では、勝った人はガッツポーズをして、負けた人に対して頭を下げるようなことはあまりしないよね。

でも、剣道や柔道では、決着がついたら必ず勝った方も礼をし、負けた方も礼をします。

なぜそうするかというと、負けた人は勝った人に、

「あなたがいたから、私の未熟さがわかりました」

と頭を下げる。

勝った人は

「あなたがいたおかげで、自分がどれだけ成長したかがわかりました」

と頭を下げる。

そうやって、お互いが相手に感謝して、自分の成長につなげるのです。

私は仕事や商売のことを〝商人道〟だと思っています。

常に仕事や商売を通じて、「魂を成長させる方法はなんだろう」と考えているし、何か問題が起こっても「このことから、どうすれば魂を成長させることができるだろう」と考える。

そうすると、自ずと道は開かれるし、その道をたどれば必ず成功や幸せにつながっているんです。仕事や商売がうまくいかない時は、大抵、その道から外れているんだよ。

自分の見栄や体裁ばかりを考えたり、欲張ったり調子に乗りすぎたりすると脇道にそれて、本来の自分の道を見失っちゃうの。

中には、一生懸命やっていても取引先が倒産して、うまくいかなくなる時もあるんだけれど、それは「そろそろ、違う魂の修行をしなさい」という神様からの合図なんです。

だから一見、**「最悪だ！」とか「ツイてない」と思えるような出来事でも、「このことから、魂を成長させるにはどうすればいいか」を考えて行動していると、必ず今まで以上の良い結果に導かれます。**

「あなたのおかげで」と考えると
きっと良い結果につながる

ひとり

人生、うまくいかない時こそ
試練から学んで前に進んでいく

人

魂を成長させるために人は出会う

人生という道を歩いていると、いろいろな人に出会います。

そのひとつひとつもやっぱり、魂の成長のための出会いなんだよね。

違う道を歩いてきた人同士が出会って、同じ道を歩む。

一人では通れない道も、助け合えば通ることができて、そのことで魂が成長します。

同じ道を歩いていても、それぞれの学びが違ってくると、分かれて別の道を歩くことになるんです。

例えば、すごくヤキモチ妬きの人がいたとします。

これって、「ヤキモチを妬くことが悪い」っていうことじゃないんだよ。

ヤキモチ妬きの人って、ヤキモチっていう〝業《ごう》〟をたくさん持っているんです。〝業〟は燃料みたいなもので、その人にとっては、ヤキモチという〝業〟を燃やすことが、今世の魂の成長につながるの。

だから、そういう人は必ず「ヤキモチを妬かせる人」を探します。

それでそういう人と出会うと、ライターみたいなもので火をつけてもらうわけ。そうするとボウボウと燃えて、燃えている間は苦しいんだけれど、その〝業〟という燃料が燃え尽きると「なんで、あんなに苦しんでいたんだろう」って思うぐらいスッキリするんです。

でも中には、いつまでたっても苦しんでいる人がいます。そういう人って、自分で燃料を足しているんだよね。

どういうことかっていうと、**せっかく自分の魂の成長のために燃やしているのに、ヤキモチを妬かせる相手のせいにして、自分でまた〝業〟を増やしているんです。**

だから、いつまでたっても減らない。

だから苦しい。その繰り返しなんです。

だいたい、「ヤキモチ妬きの浮気者」といって、自分が浮気者だからヤキモチを妬くんです。

想像してしまうの。浮気しているところを。それで、中には浮気者だけれど、自分はしない人がいます。そういう人は、抑えているの。

本当は自分も浮気者なんだけれど、自分で自分のことを抑えているから、相手が浮気すると余計に頭にくるんです。

人と出会い、助け合うことで楽しく成功する人になろう

ひとり

ヤキモチを妬くことが悪いわけではない。
相手のせいにせず、自らの成長につなげる

断る

成長の段階によって、起こる出来事も変わる

魂の成長って、人によって段階が違います。

だから当然、学ぶことも変わるんです。

よく、人に利用されてばかりいる人がいます。

そういう人は「利用したあの人が悪い」って思うかもしれないけれど、利用されたら、**「私はあなたとは付き合わない」と断ればいいだけなんだよね。**

その人にとってはまず、断ることが魂の修行なの。

「断わることができない」のは、その人の弱い波動が相手をつけこませるんだ

よ。だから相手の問題ではなく、自分の問題なんです。

あなたの前に、嫌なヤツがいるとします。

ということは、嫌なヤツということがわかったんだよね。それがすでに発見なんです。**あとはただ、嫌なヤツだとわかったんだから、付き合わなければいいんだよ。**でも未熟な人ほど「この人にもいいところがある」と言って、いいところを探そうとします。でもそれは間違いなの。

なぜかというと、嫌われるヤツは〝嫌われること〟をしているんだよ。

だからその〝嫌われること〟をすることで「自分は人から嫌われているんだ」ということに気づいて、その人は初めて自分を直そうとするんだよ。

もちろん、**相手のいいところを探してあげるのも、これも魂の成長につながります。**でも、それでうまくいかなくなったら、次の成長なんだよ。魂の成長の段階によって出てくる問題も変わるから、同じ答えではダメなんです。

嫌な人の顔色を気にせず断わる時はキッパリ断わる

「人に利用される」と思うのは、自分の問題。断ったり、相手の良さを探していこう

仲の良さ

人生とは「あと出しジャンケン」

誰に対しても優しくすることで、うまくいく時があります。
そうすると今度は、優しくすると図に乗るヤツが出てくるんです。さらには、利用しようとするヤツが出てくるんだよ。

それを、いい人も悪い人も同じ対応をしていたら、うまくいくわけないよね。
人生は「あと出しジャンケン」だから、絶対に勝てるんです。
普通のジャンケンは同時に出すから、勝つか負けるかは出してみないとわからないけれど、相手がパーとかグーとか出してきたあとなら、それに勝つ手を出せばいいの。

それを「さっきはチョキで勝てたから」と言って、相手がグーを出しているのにチョキを出していたらダメなんだよ。

「この人は、人のことを利用するようなヤツなんだ」って思ったら、その人と親しくしたり、仲良くしてはダメなんです。

「みんなから好かれたい」と思うことは悪いことじゃないの。だからといって、**嫌なヤツから好かれていたら、あなたも嫌なヤツの仲間になっちゃうよ。**

「兄弟、姉妹、みんな仲良く」っていうのもいいの。ただそれは、兄弟姉妹が全員いい人ならね。だけど、兄弟でもどうしようもないのがいたら、付き合っちゃいけないんだよ。

答えは常に違ってくるの。

それを1個ずつ、片付けていかないといけないんです。

神様って、私たちに苦労を強いるようなことはしないの。だから、正しい答えを出して苦労をすることは絶対にありません。

今、苦しんでいるとしたら、あなたの答えの何かが間違っているんだよ。

私も学校で先生に怒られたり立たされたりしたけれど、そういう時って必ず私が何か悪いことをした時なの。　私が正しくて怒られたことは一度もないんです。

それと同じで、自分が苦しい時は、必ず何か間違いがあるんだよ。

そういう時は必ず、「もうちょっと魂を成長させなさいよ」っていうことなんです。

「みんなから好かれたい」とムリにがんばらない

ひとり

いい人にも悪い人にも同じ対応をせず、
ムリに人から好かれようとしない

親

反抗期がある方が、良い親子関係が築ける理由

神様って、私たちの魂の成長に必要なものをたくさんつけてくれています。

例えば〝**笑顔**〟。

この地球上の生き物の中で、人間だけが笑うんです。

怒ったり、喜んだり、悲しんだりという感情は、ほかの動物でも見せたりするけれど、笑ったりはしないよね。

犬でも涙を流します。だけど、笑っているような顔の犬はいても、笑っているわけじゃないんだよ。人間だけが笑えるんです。

それと、オシャレをしたがるのも人間だけ。

実際の年齢よりも若く見せようとするのも人間だけ。さらには、反抗期があるのも人間だけ。


本来、反抗期は全員にあるの。

それで、反抗期がない子のことを親は「いい子だった」って言うんだけれど、それは親にとって「都合のいい子」なだけなんです。

親の考えって、だいたい20年遅れなの。

だから、一度は否定しないとダメなんだよ。

否定すると、そこからは親の考えじゃなくて、自分の考えで生きなきゃなんないんだよ。そうすると、自分の考えをしっかり持つようになるんです。

ところが反抗期をやっていない人は、親の目をずっと気にしているの。それが辛くなって親元を離れると、今度は世間の目が気になって仕方がないんです。**ずっと他人の目が気になって、自分の目で見られなくなっちゃうんだよ。**

私なんかずっと反抗期なんです。

ずうっと（笑）。

生まれてからずっと反抗期を続けているけれど、いい人生だよ。

反抗期ってある意味、〝はしか〟みたいなものなの。

だから、反抗期が来たら、きちんと親に反抗した方がいいんだよ。

もしあなたが、**反抗期にきちんと親に反抗していないのなら、今からでも遅くないから一度、反抗しておいた方がいいよ。**

本人に直接言わなくてもいいから、誰もいないところで「この、クソババア！」とか「クソオヤジの馬鹿野郎！」って叫んでみるの。

「そんなこと、言えません」って言うなら、まずは丁重に「この、うんこおばさま！」とか「うんこお父さま！」でもいいから言ってみな（笑）。

親に反抗すると、関係が壊れると思うかもしれないけれど、親にきちんと反抗した方が年をとってからも、ずっといい関係が続くんです。

反抗期にしろ、笑顔にしろ、オシャレにしろ、神様がつけてくれたものには必ず意味があって、そこから魂が成長するようになっているの。

神様がすることって無駄がなくて、すごくうまくできているんだよ。

男の人は、女の人の足とか見るのが好きなんです。

それで、女の人は出したがるんだよ、本当は。

だから、ミニスカートが流行るの。

実に、うまくできているんだよね（笑）。

親の言いなりではなく
自分は「どうしたいか」で決める

納得できないなら、親の言うことは聞かない。
「自分の生きたいように」生きていく

がまん

「どちらかを選ばないといけない」と思い込んでいないか？

お金は、神様がつくった最高の発明品なんです。

だから、みんなお金が好きなの。

この世の中は、**お金がないと困るようになっていて、お金がなくてどうしようかっていう時に、魂が成長するようになっているんです。**

それを「お金を欲しがっちゃいけない」って言うことがおかしいんだよ。

「お金を欲しがっちゃいけない」って言っている人は、ずっと聞いていると、最後には「お金を持ってこい」って言うんだよね（笑）。

お金は神様がつくったものだから、その意に沿うようにすれば、自然と入ってくるの。例えば、楽しみながら働いて手に入れようとするのもそのひとつ。盗んだり、騙したりして手に入れても、そんなお金は身につかないし、結局、良くない結果となってなくなるんです。

それと、**「何かを犠牲にしないとお金は手に入らない」って思っている人がいるけれど、そんなことはないよ。**

「二兎を追うものは一兎をも得ず」と思うのかもしれないけれど、「一網打尽」って言葉もあるんだよね。

「言いたいことを言ったら、嫌われても仕方がない」っていうのでも、言いたいことを言って好かれる人間になればいいんだよ。

これを手に入れたら、次も手に入れる。

そしてまたその次も手に入れる。

よく、「いい男だけれど性格が悪い人と、いい男ではないけれど性格がいい人の、どっちがいい？」って言うけれど、どうせなら、性格が良くていい男の方がいいに決まっているよね。

「欲しいものを手に入れるには、常にがまんが必要」みたいに思っているけれど、そうじゃないんだよ。

言いたいことを言って、好かれた方がいいんです。私は相当言いたいことを言っているけれど、それでも何十万人とファンがいます。

「なぜ、そんなことができるんですか」っていうと、私の言いたいことと、みんなの聞きたいことが同じなんだよ。

人から嫌われる人って、人が聞きたくないことを言うんです。つまり、言いたいことを言っているから嫌われるんじゃないの。**人が聞きたくないようなことを、ずっとしゃべっているから、嫌われるんだよ。**

がまんや苦労をしなくても好きなように生きればうまくいく

幸せを手に入れるのに、がまんは必要ない。
思い込みを捨てて、楽しみながら生きてみる

思い

好きなことをして、成功できるのはなぜ？

飲み屋さんやキャバクラに行って、威張る人っているよね。威張るのはダメだけれど「これからは心を入れ替えて、キャバクラに行くのをやめます」っていうのもダメなの。

遊びはその人の趣味だし、好きなことなんだから、やめちゃダメなんです。

では、どうすればいいかというと、どこに行っても「いいお客さん」になればいいんだよ。

釣りが好きだからといって、エサでも何でも、そのままにして散らかして帰ってきちゃダメなんです。

帰りはキレイにしてくるとか、同じ釣り仲間からも好かれないとダメなの。

好きなことをして、それで周りからも好かれることはできるんです。


私は大金持ちになるって決めてたの。

だけど、会社には行きたくなかったんです。

だからといって、土地や株の売買をして、不労所得で金持ちになりたいとは思わなかったの。

それで普通の人は「そんな事ありえない」って言うけれど、ありえるんだよ。

私はほとんど旅をしていて会社には行かないけれど、働き者の人と一緒に仕事をすればいいんだよね。
ウチの会社の人たちは、すごい働き者なの。
ウチの人たちって、みんな私のことを守ってくれてるの
自分で言うのもなんだけれど、私のことが大好きなんです。

私は、怠け者に働けって言ったことはありません。
働き者が働きやすい職場をつくっただけなんです。

心の中で決めたことは、必ず実現する

ひとり

好きなことをして、キレイに生きる。
人生は「何を考えるか」で決まる

強運

楽しく生きている人が魅力的な理由

私は自分のことを、すごく運のいい人間だと思っているんです。

商売を始めて、一度も赤字を出したことがないどころか、ずっと黒字が続いて、累計納税額では日本一になって、本を書いてもベストセラーにもなって、だからといって、普通の人より努力をしているかというと、そうでもない。

ではなぜ、こんなにも運がいいのか。

これは私が勝手に思っていることなんだけれど、「この教えを広めてください」と言って、神様が応援してくれているんです。

それで、その教えって何ですかっていうと、「**もっと楽しく生きようよ**」ということなの。

私たちは、苦労をするために、生まれてきたんじゃないんです。

運命だってそうだよ。

最初から、苦労や不幸を背負う運命なんてないの。

運命は切り開くものなんだよ。

問題は、悩むために起こるんじゃない。

解決するために起こるの。

それが、「魂の成長」なんだよ。

一人で解決できない問題があっても仲間がいたら、必ずその中の誰か一人は解決策を知っているの。

だから、いい仲間がいたら解決できるんだよ。

それでやっぱり、良き仲間を求めることも「魂の成長」につながるんだよね。

今までは欲望を抑えて、壁に向かってずっと坐禅を組んで修行するとか、そういうのが魂を成長させると思っている人が、たくさんいたんです。

もちろん、それが好きな人はいいんだよ。

これはこれで立派だから。

でも、この本を手に取る人って違うんだよ。

女の人ならもっとキレイになりたい。

もっと洋服やハンドバッグが欲しい。

それで、ハンドバッグをひとつ手に入れたら、もっと手に入れようよ。そうすると、もっと自分が稼ぐか、旦那に稼がせるかして世間も潤うし、ハンドバッグ屋さんも喜ぶの。

男の人なら、もっと女の人にモテたい。

10人より100人。

どうせなら、1000人にモテる人になろうよ。

そのためには魅力的な男にならないといけないし、仕事もがんばれる。

すると、周りの人たちや世間の人たちが喜ぶことにつながって、みんなが良くなっていくんだよ。


もう、何かを奪い合う時代は終わったんです。

これからは楽しんで、豊かになって、みんなで幸せになる時代なんです。

「もっと良くなりたい」という素直な気持ちが成長につながる

困難や問題は、悩むために起こるのではない。仲間と一緒に解決することで魂は成長する

個性

自分のこと、相手のことを尊重できるようになるには?

「魂の成長」の段階って、大まかにいうと3つの段階に分けられるんです。

一番低い段階は、「自分のことを尊重することができなくて、相手のことも尊重できない」状態。

こういう人は、毎日が戦いで、心が休まることもなく、ずっと苦しんでいるんです。

そこから成長すると、次の段階では、「自分のことは尊重できないけれど、相手のことは尊重できる」ようになる。または、「相手のことは尊重できないけれど、自分のことは尊重できるようになる」の。

そこからさらに成長すると、最後の段階では、「自分のことも尊重できて、同じように相手のことも尊重できるようになる」んです。


自分と違う考え方の人がいたら、「この人は別の学びをしてるんだなぁ」と思えばいいの。

相手と仲良くすることだけが、「尊重」じゃないんだよ。

相手もステキな人で、自分もステキなんだ。

お互いに個性は違うけれど、それぞれにいいところがあって、未熟なところもあって、そこも含めて素晴らしい、かけがえのない人間なんだ。

そういうことがわかってくると、お互いの〝差が取れ〟て、それが〝悟り〟につながるんです。

自分に意地悪をしたり、どうしてもステキだと思えない人もいるかもしれません。それでも、その人のおかげで「こういうことをしていると人から嫌われる」ということがわかるとか、他人の痛みがわかったり、意地悪をしないことが当たり前じゃないこともわかります。

それに、**あなたのことを嫌ったり、意地悪をしたりする人は、あなたに大切なことを教えるために悪役を引き受けた、前世で縁のあった人かもしれないよ。**

そうやって、自分に起きる出来事を魂の成長につなげていくことが、「悟りの道」なんです。

自分と考え方が違う人からこそ大切なことを教わることができる

「他人の痛み」や「個性の違い」を学ぶことが人に対する〝悟り〟につながる

悪循環

苦しい時は、どこかが間違っているというサイン

自分のことも、相手のことも尊重できるようになると、人生はどんどんうまくいって、お互いにハッピーになります。

でもこれが、自分のことが尊重できないか、相手のことを否定していると苦しくなります。

この苦しみが続いたら、それは「間違っていること」のお知らせです。

やっていることや思いが正しくて、苦しむことはないんだよ。

苦しい時は必ず、どこかが間違っているの。それをわからせるために、その苦しみが続くんです。

ちょっと成功すると、急に威張り出す人がいます。はたから見ると、威張っている人って、幸せそうに見えるかもしれないけれど、必ず心の中で苦しみを抱えているんだよ。そして、その苦しみを紛らわすためにまた威張るという、悪循環を繰り返します。

人間は、間違ったことをしていると、苦しくなるようにできているんです。だから、苦しいことが続くと、人は気づいて改めようとします。それでもやめようとしない人は、まだ苦しみが足りてないんだよ。そういう人は、周りがどれだけ言っても聞かないの。

中には「この苦しみから救ってほしいんです」と言ってきて、「じゃあ、こうした方がいいよ」って言っても、絶対にやらない人がいます。

こういう人は、苦しみが足りてないんだよ。


振り子の原理で、振り切ったら必ず戻るんです。

だから、それを待つのもひとつの解決策なの。

でもどうせなら、早く気づいて魂を成長させてしまった方がラクだし、次の段階に早く進めるから楽しいんです。

楽しい時は正解で、苦しい時は間違い。

人生ってとってもシンプルで、わかりやすくできているんだよ。

苦しいことが続いた時こそ、「間違い」を直すチャンス

ひとり

できないことは、できる人に教えてもらう。
できるようになったら、今度は教えてあげる

価値

心に否定的なものが溜まるとうまくいかなくなる

仕事でも日常生活でも、うまくいっているのに、「途中でダメになっちゃう」人がいます。

例えば、せっかく大好きな人と付き合えることになったのに、しばらくするとうまくいかなくなる、そんな人がいるんです。

こういう人たちは、**脳に「途中でダメになる」っていうことが、インプットされているの。**

もう少し詳しく言うと、過去の体験や人に言われたことが影響して、「私には価値がない」とか、「きっと失敗する」「うまくいくわけがない」、といったことが脳に刷り込まれていて、知らず知らずのうちにそういう行動をとってしまうんです。

一時期、「引き寄せの法則」の本がすごく流行りました。
引き寄せって、本当にあるんです。
でも、本のとおりにやってもうまくいかない人がいます。
では、本に書いてあることがウソかというと、そうじゃないの。
これも途中でダメになる人と一緒で、心の中に否定的なことが溜まっているんだよ。

小さい時から「これをやってはダメ」「あれをやってはダメ」、学校に入ったら「この成績じゃダメ」「もっと頑張らないとダメ」と、たくさんダメ出しをされて、そのダメが心の中にいっぱい溜まっているの。

それは、ちょっと肯定的なことを言ったぐらいで、なんとかなるようなものじゃないんだよね。

でもね。**どれだけ心の中にダメが溜まっていたとしても、それは全部、ただの思い込みなんだよ。**

神様はダメな人間をつくらないの。

私たちには価値があるんだよ。

価値のある人間は、何をやっても価値があるの。

「価値がない」と思ってやるから、ダメな結果につながるんです。

価値のある人って、何かをしなくても価値があるの。

そうじゃないと思っている人は、自分に価値があるということを証明しようとするんだよね。

でも、ムリに証明しようとするってことは、自分には価値がないって言っているのと一緒なの。

それで結局、価値がないという結果を引き寄せちゃうんです。


人間っていうのはもともと価値があるの。

それで、価値があるということがわかってから努力をするんです。

そうじゃないと、いくら努力をしても価値がないことの証明につながって、その結果、「自分にはやっぱり価値がないんだ」となって、悪循環から抜け出せなくなっちゃうよ。

「ダメ」と否定から入らない人には、みんな価値がある

途中でダメになる時は、「なんとかなる」と否定的な思考を、その都度、打ち消していく

こだわり

心の中の「ダメ」を「トク」に変える

私は、「自分は、ものすごく価値があるんだ」と思っています。

そんな私が英語を学びにいくと、多分、3分で嫌になる(笑)。

それでも私は「自分はものすごく価値があるんだ」と思っているから、「英語は自分には向いてない」と判断して、その分、得意な仕事で成果を出して、英語が得意な人を雇っちゃう。

そうすれば結局、私が英語を学ぶ月謝よりも、安くつくんだよね。

よく考えてほしいんだけれど、あなたが過去にダメだって言われたことって、大抵は自分に必要ないことなんだよ。

「この数学の問題が解けないおまえはダメだ」って言われたとしても、その人は別に数学者になるわけじゃないから、電卓の使い方を覚えれば解決するんです。

「かけっこがビリのおまえはダメだ」って言われても、その人は別に陸上選手になりたいわけじゃないし、泥棒にでもならない限り、人に追いかけられて、早く走る必要ってないんです（笑）。

自分に必要ないことにダメ出しされて、それが原因で自分に必要なことができなくなるって、すごくバカらしいよね。

本当は、ダメ出しされたことって、自分に向かないことがわかったんだから、トクしたんだよ。

今からでも遅くないから、**自分の中にある「ダメ」を「トク」に変えてみてごらん。**

そうするとオセロゲームで黒のコマが白に変わるように、人生のゲームで大逆転を起こすことができるよ。

ダメ出しは自分に向かないこと。いつまでも、こだわらない

ひとり

できないことがあっても、気にしない。
「向いていないのがわかった」と発想を変える

解決

ダメな考えは心の〝舵〟でなんとでもなる

心の中にあるネガティブなことって、周りから言われてそうなったものだけじゃないの。自分自身でも、気づかないうちに溜め込んでしまっているものがあるんです。

私は子どもの頃から体が弱く、病気がちでした。

なんで弱かったのかというと、私の家は親が商売をしていて、忙しかったんです。

だから、私が病気になった時しか親は構ってくれません。

すると「病気になれば、親に構ってもらえるからトクだ」と思って、それが脳にインプットされます。

だから、ちょくちょく病気をするんです。

本当の原因はそれなんです。

私は病気になることで、ある意味で、いい思いをしました。

だから、病気で死ぬとか思っていません。

別に治すほどのものじゃないと思っているから、治さないの。だから、私は病気で困ることはないんです。

人間の記憶の中には必ず、過去にインプットされたものがあります。

子どもの時にインプットされていなかったら、前世でインプットしているんだよ。

それが今、世に出てくるんです。

でもそれも、どうにでもなるんだよ。

私たちはどんな人生であっても、〝舵〟という意思を持っているから、進んでいくことができるんです。

東京から大阪へ行くのでも、「行こう」という意思があれば、どんな手段を使っても行くことができます。

逆に、「行こう」という意思がなければ、行けないんだよ。

それと一緒で、**まずは「私たちの運命は、自分で切り開いていくものなんだ」と知り、何か問題が起きたら悩むんじゃなくて、「自分で解決するんだ」**

って脳に言い聞かせるの。
すると、「問題が起きたら解決する」というふうに、自然に行動できるようになるんです。

さらに、その解決策も自分のトクになるまで考えるようにすれば、結果がものすごく変わるんだよ。
私の脳の中には、仕事で問題が起きたら「解決すれば売り上げが上がる」、人間関係で問題が起きたら「自分にトクになるまで考えたら、魂が成長する」ってプログラムされているんです。

だから私の頭の中では「**問題**」＝「**いいこと**」なの。

でも、多くの人の考え方は、「問題」＝「嫌なこと」で、「問題は起きないでくれ」「問題なんか起きなきゃいいのに」って思っているんだよね。

だけど、問題が起きなかったら、魂は成長しないんだよ。

だから問題は起きるの。

それで、**問題が嫌なら、先に解決しちゃえばいいんだよ。**

「魂を成長させるにはどうすればいいか」って考えている人には、問題は起きないんだよ。起きることは全部、魂の成長につながることなんだから。

問題は「自分で解決するんだ」と自分に言い聞かせる

ひとり

運命は自分で切り開いていくもの。「嫌なこと」を解決し、前に進もう

ワクワク

「楽しい」がわからないと、幸せになれない

人が幸せになるためにまず何が必要かというと、「楽しい」って思えることなの。この「楽しい」がきちんとわかってないと、いくら「幸せになりたい」とか「成功したい」と思っても、ムリなんだよ。

カツ丼を食べたことがない人に、「カツ丼の味を語りなさい」って言ってもムリなのと一緒なんです。

楽しいっていう字は、人が踊っている姿を表しています。

顔からオーラが出て、下が広がって、振り袖が回っている姿なの。

これは神話の話だけれど、天照大御神が天岩戸に入っちゃった時に、周りの神様たちはなんとか出てきてもらおうと、いろいろと説得したんだよ。

それでも出てこなかったの。

だから、この世は暗くなっちゃったんだよね。

それで説得するのは諦めて、ただ楽しく踊っていたの。

そうしたら、ちょろっと岩戸を開けて覗いたんだよ。

それをきっかけに岩戸が開いて、地上に明るさが戻ったの。

辛いことがあると、そこから逃れようとして、心を塞いじゃう人がいるんです。そういう人も、「楽しい」を体験すると、心が開いて本来の明るさを取り戻すんだよね。

全国各地の『まるかん』で余興大会をやると、みんなすごく楽しそうにして踊っているんだけれど、その中には「この人は鬱だったの」とか、「この人は引きこもりだったの」っていう人たちがいるの。

でも、知らない人が見たら、そんなことがまったく信じられないくらい、みんなすごく明るく、楽しそうに踊っているんだよね。

私は実業家だから、体にいい健康食品とかを開発して売ったりすることはできるし、私が知っている心の話もしてあげることはできるんです。

だけど、楽しいものがない人に「楽しくしろ」っていうのはムリなんだよね。

だからまずはフラダンスを習いにいくとか、踊りに限らず何か楽しいことを見つけて、自分の心を開いていくしかないんだよ。

楽しいことを見つけて大きな幸せを手に入れる

ひとり

幸せになるためには、心からワクワクする「楽しさ」を実感することが大切

きっかけ

一番楽しんだグループが売り上げ1位になった理由

「欲張っちゃいけない」というのは、モノのない時代の価値観なの。
でも今は時代が変わって、モノ余りの時代なんだよね。

今までは「がまん強さ」とか「清貧」が美徳とされて、それでうまくいって
いたんです。でもこれからの時代は、それではうまくいかないの。

あんまり、がまんばっかりしているのは、ダメなんだよ。

何年か前に、みっちゃん先生（一人さんの10人の弟子の1人）の会社の売り上げが、グループで最下位を続けていたことがあったの。

みっちゃん先生は、すごく真面目で頑張り屋さんなんです。

でも売り上げは、その努力に見合って上がらなかったんだよね。

そこで、みっちゃん先生が私に、

「どうしたらいいでしょう？」

って聞くから、

「まるかんのパーティーの時にやる余興大会で一番になりな。そうすれば、売り上げも一番になるよ」

って言ったの。

その結果どうなったかというと、みっちゃん先生隊の出し物が、余興大会で見事1位になって、それに合わせるように売り上げも1位になったんだよね。

この「余興大会で1位」と「売り上げで一番」って一見、なんの因果関係もなさそうだけれど、そうじゃないの。

余興大会で1位を目指そうとすると、特約店さんのところに練習でしょっちゅう、人が集まります。

そうすると**集まった人で賑わって、みんなが楽しそうにしているから、そこに新たなお客さんが集まってくるんです。**

さらに余興大会をすると、その家族や友だちが見に来ます。

それで、**楽しければみんな、仲間に入るんだよ。**

別に押し売りなんかしなくても、体にいいものってみんな欲しいし、必要なの。大事なのはそのきっかけなんです。

何事も楽しく賑やかに。
そうすると仲間が増えていく

同じ努力をするなら、徹底的に楽しく。
楽しい輪に仲間が集まってくる

楽しく

「上手」よりも「楽しい」の方が大事

ひとつ前の「きっかけ」のページで紹介したように、売り上げが伸びなくて悩んでいたみっちゃん先生が、余興大会で1位になったことが自信につながって、それ以外のことでも「やればできる」って思えるようになったんだよね。

ただ、ここで間違ってはいけない大切なことは、余興を〝上手く〟やろうとしないこと。

上手くやろうとすると、どうしても練習が厳しくなるんです。

知り合いから「余興大会をやるから、ちょっと練習を見に来なよ」っていう連絡があって、その電話の後ろから特訓中のムチの音がしたら、絶対に行きたくないよね（笑）。

素人は下手でいいの。

楽しそうなら、それでいいんだよ。

楽しくやっていたらそのうち必ず、みんな上手くなるから。

もちろん、上手いことはいいんだよ。

上手いことはいいけれど、上手さにこだわると、いつかどこかで苦しくなるの。

だから、上手いことにこだわるんじゃなくて、楽しいことにこだわればいいんだよ。

私は「順位にこだわっちゃダメだよ」って言うんだけれど、「なぜ順位をつけるのか？」っていうと、人は自分が何位か知りたいんです。

極端な話、順位はビリだっていいの。

ビリが嫌なのは、ビリだと怒られるからなんだよ。

怒られなければ何位でもいいの。

何位でも楽しいんだよ。

スポーツでも順位を争うけれど、**これからの時代は楽しいところが、なぜか勝つの。**

高校野球やバレーボール、マラソンでも、昔は監督が厳しいところが勝てたんです。

でもこれからは、楽しくやったところしか勝ち残れなくなってきました。なぜそうなってきたのかというと、これからは魂の時代だから。

私たちは怒られたり、叩かれたりしながら学ばなきゃいけない存在じゃないんだよ。

仕事でもそう。楽しく働かなくちゃいけないの。

これからの時代は特にそうなの。

苦しい働き方は、苦しいだけでダメなんです。

みんなで仲良くして、楽しく競い合って、お互いを高め合う。

これからは、そういう時代なんです。

結果を気にするのではなく
みんなで楽しく競い合う

結果を求めすぎて厳しくなるのではなく
「楽しく」続けることでお互いを高め合う

助け合い

良くも悪くも、もらいっぱなしはダメ

自分の力で解決できないような問題が起きたら、その時は、自分の周りの人に聞いてみればいいの。

普段から、周りの人たちと良い関係を築いていたら、必ず助けを与えてくれるよ。

みんなに聞いてみたら、知っている人は必ずいるの。
だから、聞いてみればいいんだよ。
みんなで助け合えばいいの。できないことをできるように努力するよりも、自分ができないことは人に聞く。

そして「ありがとう」を言う。

自分ができることは、快くやってあげる。

そうやって、**人のために自分のできることを惜しまない人は「惜しまない波動」が出るんだよ。**

そうすると、周りの人の力が集まってくるの。

私はこの本を書くのも一生懸命だけれど、相談に来た相手がたとえ一人でも、それと同じくらい一生懸命に話すの。

だから私は「人のために惜しまない」という波動があるから、周りのみんなも私のために、何事も惜しまずにやってくれるんです。


「魂の時代」とは「助け合いの時代」です。

できないことを「私はこれができません」って正直に言えること。

それに対してバカにする人がいたら、その人は自分のことを「私は嫌なヤツです」って言っているのと一緒なの。

そして、そういう人とは付き合わなきゃいいんだよ。

それと、「おまえ、そんなこともできないのか」って言われて傷つけられたら、傷つけられっぱなしじゃダメだよ。

「あんた、嫌な性格だね～」って言わなきゃ（笑）。

もらったものは、返さなきゃダメだよ（笑）。

愛をもらったら、愛を返すの。嫌味をもらったら、嫌味を返すんだよ。そのことで、人はだんだん嫌味を言わなくなるの。

だから、もらいっぱなしはダメなんだよ。必ず返す。それで魂が成長する時代なの。

人のために、自分ができることを惜しまずにやっていこう

できないことは「できない」と正直に言う。
自分ができることは、快くやってあげる

第2章

本当の自分の気持ちに従うと自然と成功する

自分の心

とことん自由にすると〝本当の自分〟がわかる

第1章では、魂を成長させるためには「〝本当の自分の気持ち〟に従う。そのためにも、欲とか、オシャレとか、反抗期とか、神様が私たちに付けてくれたものを大事にしよう」と書きました。

それでもやはり、〝本当の自分の気持ち〟に従うことができない人がたくさんいます。そもそも、〝本当の自分〟が何なのかがわかってないんです。

もしあなたが、**〝本当の自分〟というものが何なのかわからないとしたら、一度、とことん自由にしてみるといいよ。**

そうすると、本当の自分というものがわかってくるから。

普段、「これが私の意見だ」とか「私の考え方はこうです」と思っていることも、実は他人のものだったりするから気をつけた方がいいよ。

例えば、「私は世のため、人のためになることがしたいんです」とか「社会に貢献できる仕事がしたいです」と言っている人たちが、それが本当の自分の本心からなのかどうか。

そういう人たちがもし、宝くじで1億円が当たって、そのお金を全部、世のため人のために使いたいっていうのなら、それは本心からかもしれないね。

でもそうじゃないのなら、それは他人の影響だったり、「そうしないといけない」と思い込まされているのかもしれないから、気をつけた方がいいよ。

ただ間違っちゃいけないのは、「宝くじの当選金の正しい使い方」なんていうものはないんだよ。

もし正しい使い方があるとしたら、それは当たった本人が、本心から「これに使いたい」と思ったことが全部正しいの。

「宝くじに当たったことを誰にも言わず、こっそりと少しずつ使いたい」っていうのも正しいし、「半分は買いたいものを買って、半分は貯金する」というのもいいんです。

大切なのは、そのことで本人が幸せになること。

まずは、あなた一人でも幸せになること。

そうすれば、あなたから機嫌のいい波動が出て、必ず周りも幸せになってくるの。

それが一番、世のため人のためにいいことなんだよね。

他の人の意見に左右されず心の声に耳をかたむけてみよう

思い込みから一旦離れて、
幸せになる方法を考えてみる

人のため

「自分は自由」の本当の意味

「世のため人のため」って、とてもいいことです。

ただ、本当の意味での「人のため」っていうのは難しいんだよね。

例えば、「困っている人に物をあげる」のも、人のためなんです。でも、「人に物をあげる」というのが、必ずしもその人のためになるとは限らないよね。

助けるつもりがその人の学ぶ機会を奪うことにつながることもあるし、「よけいなお節介」になるかもしれない。

一番簡単で間違いないのは、「あなた自身が幸せでいること」なんです。

ひとつ前の「自分の心」に書いた、宝くじで1億円が当たったという仮定なら、自分一人で好きなことに1億円使っても、それは全然悪くないいんだよ。

「1億円の入った預金通帳を、ずっと眺めている」っていうのもアリなの。「使わないと意味がない」って思うかもしれないけれど、それで本人が幸せなら、周りにも絶対にいいんです。

ちなみにもし、私が宝くじで1億円当てたら、それを現金に換えて一枚ずつ数えるね(笑)。友だちも呼んで一緒に数えたり、一緒に記念撮影したり、みんなでワイワイ言いながら、何に使おうかって考えるの。

とにかく人は、自由なんです。

他人に迷惑をかけない限り、人は何を考えてもいいし、何をしたっていいんです。まずは「自分は自由なんだ」っていうことがわからない限り、本当の自分もわからないよ。

「世のため」ではなく、まず、
自分が幸せになることから始める

他の人に迷惑をかけない限り、人は自由。
心が満たされているか、常に確かめよう

親と自分

親は絶対ではない。「自分がどうしたいか」本音で生きる

親が子どもに、「いい大学に行かせたい」「いい会社に就職させたい」「医者にしたい」と思うのは、それはそれで正しいんです。

それに対して子どもはというと、親に反発したいの。

重要なのは、それがどこまで本気かなんです。

ちょっと反発したい程度なのか、とことん反発して親元を出てもやりたいのか、その本気度の度合いなんです。

子どもが「親の言いなりになりたくない」っていうのは、自然な感情なんだよね。

それと同じで、親が子どもの心配をするのも自然なことなの。

でも、本気で親の言うことを聞きたくないんだとしたら、親元を出てもやる子はやる。

そこで子どもは成長するし、親も成長するようになっているんです。

そこまでするほどじゃなくて、親の言うことを聞いていたいんだとしても、それはそれで幸せなんです。

私のように、親にどれだけ「高校に行け」とか「大学に行け」とか言われても、絶対に行かない人もいるんです（笑）。

だから、「親にこう言われたんですけれど、一人さんならどうしますか？」

って聞かれたら、いくらでも意見を言うけれど、大事なのは**自分が本当はどうしたいかなの。**常に「自分がどうしたいか」が、あなたにとって一番正しいんです。

人は自由にしていいの。
愛とは自由なんだよ。

「自分の事ばかり考えてはいけないんじゃないか」って思うかもしれないけれど、それで自分が幸せなら、必ず周りの役に立つんです。

大切なのは「親の意見」ではなく「どうしたいか」という気持ち

子どもは親に反発して成長していくもの。
本当にやりたいことに向き合うことが大切

郵便はがき

おそれいりますが
63円切手を
お貼りください。

1028641

東京都千代田区平河町2-16-1
平河町森タワー13階

プレジデント社
書籍編集部 行

フリガナ		生年（西暦）　年	
氏　名		男・女	歳
住　所	〒 TEL　（　）		
メールアドレス			
職業または学校名			

ご記入いただいた個人情報につきましては、アンケート集計、事務連絡や弊社サービスに関するお知らせに利用させていただきます。法令に基づく場合を除き、ご本人の同意を得ることなく他に利用または提供することはありません。個人情報の開示・訂正・削除等についてはお客様相談窓口までお問い合わせください。以上にご同意の上、ご送付ください。
<お客様相談窓口>経営企画本部 TEL03-3237-3731
株式会社プレジデント社　個人情報保護管理者　経営企画本部長

この度はご購読ありがとうございます。アンケートにご協力ください。

本のタイトル

●ご購入のきっかけは何ですか?(○をお付けください。複数回答可)

1 タイトル　2 著者　3 内容・テーマ　4 帯のコピー
5 デザイン　6 人の勧め　7 インターネット
8 新聞・雑誌の広告（紙・誌名　　　　）
9 新聞・雑誌の書評や記事（紙・誌名　　　　）
10 その他(　　　　)

●本書を購入した書店をお教えください。

書店名／　　　　（所在地　　　　）

●本書のご感想やご意見をお聞かせください。

●最近面白かった本、あるいは座右の一冊があればお教えください。

●今後お読みになりたいテーマや著者など、自由にお書きください。

どうもありがとうございました。

魂の段階

マイナスの感情も成長への一歩になる

自分が「楽しい」と思うことが正しいけれど、ただ、注意が必要なことがあります。

例えば、人に親切にすることが「楽しい」と思う人もいれば、人の悪口を言って「楽しい」と感じる人もいるんです。

これって〝魂の段階〟なんだよ。

普通は「人の悪口を言って楽しい」なんてないけれど、その人はその段階な

の。それで、言って言われて傷ついているうちに学んで、だんだんやめるようになっているんです。

昔は下町とかで、人の悪口を言うのが〝憂さ晴らし〟だったの。

それも小さな村とか限られた人たちの中で言うことだから、それほど問題になることはなかったんです。

それが今は、ブログとかSNSなんかであっという間に広まるから「悪口を言われるのは、これくらい嫌なことなんだ」ってすぐにわかるので、学びが早いんだよね。

他人の足を踏んでいる時はわからなくても、踏まれて初めて、その痛みがわかる。そんなものなんです。

この話でもなんでもそうなんだけれど、世の中っていうのは神の摂理で、どんどん良くなっているの。それが「魂の成長論」なんです。

だから今、人の悪口を言っているような人も、これからもっと良くなろうとしている〝過程〟なんだよ。すべてが良くなっていくの。


昔はお金に困った人の中には、出刃包丁とかを持って押し込み強盗とかしていたんです。

オレオレ詐欺みたいに、電話だったら切ることができるけれど、包丁を持って入ってこられたら大変だよね。

実際、昔と比べたら、押し込み強盗ってかなり減っているんだよ。必ず、少しずつ良くなっているの。

それと**「良くなっている」と思っている人には、良くなっていることが起き**

て、「困った」と思っている人には、困ったことが起こるんだよ。

それで、困ったことが起こる中で成長して、良くなっていくんだよね。

結局、その人の魂がどれくらい成長しているかによって、何を楽しいと感じるかも違ってくるの。

魂の成長の段階によって、起こる出来事も違ってくるよってことなんです。

「このことで、自分の魂が成長する」と信じている人は、起きることがすべて楽しいんだよ。

人は、いつ、どんな時でも成長することができる

ひとり

人の悪口を言ってしまったとしても、今日、この瞬間から前に進むことができる

考え方

目の前に起こっていることから、必ず学び取ることができる

現状がうまくいっていないと、「自分の中の〝何か〟を変えないと現実も変わらない」と思う半面、「自分らしく生きたい＝自分を変えたくない」という葛藤で思い悩むことがあるかもしれません。

でもこれはこれで、正しいんです。

その人にとって、その悩みが必要だから起こるの。
そして必ず、その悩みを通して成長するんです。

だから「魂の成長論」からすると、実に順調にいっているんだよね。

そうやって「徐々に良くなっているんだ」と思っている人には、〝良くなる〟ことが起こる。

「なんで、こんな悪いことが起こるんだ」と思っている人には、〝悪いこと〟が起こります。

同じ地球に住んでいても魂の成長レベルが違うと、起こる出来事も違ってくるの。パラレルワールドみたいなもので、結果が違ってくるんだよ。

世界や世の中が「だんだん悪くなる」と思っている人には、悪い現象が起こっちゃうの。要はとらえ方なの。

とらえ方次第で心の世界が違ってきちゃうんだよね。

一見、悲惨に思える事件や事故も、実はそこから必ず学びがあるんです。

すべては〝幸せになるため〟の「魂の成長論」なの。

さらにいえば、〝みんなが〟幸せになるための魂の成長論なんです。

先日、ある人から、「オレオレ詐欺はいつ、なくなりますかね？」って聞かれたんだけれど、答えは「騙される人がいなくなった時」なんだよ。

結局、騙す側も、騙される側も両方が成長なの。

騙そうとする方も腕を磨いてくるけれど、それでもみんなが騙されないようになれば、オレオレ詐欺も成り立たなくなって、なくなるんだよね。でも、それが両方にとっての成長なんです。

それと「自分が変わらないと何も変わらない」っていうけれど、**人は必ず変わるようになっているの。成長するようになっているんです。**

「三つ子の魂百まで」っていうけれど、3歳の時と60歳、70歳の時の考え方は絶対に変わっているんだよね。

人は、現実の受け止め方次第で必ず変わることができる

「何かを変えたい」と思ったら少しずつ着実に成長することができる

停滞

うまくいかないのは成長が必要だから

「仕事がうまくいきません。どうすればいいですか?」という相談をよく受けます。

その内容は「業界全体が不況で……」とか、「今まではうまくいっていたのに……」など、いろいろあっても、基本的には、〝うまくいかない〟のを〝いかせる〟のが仕事なんです。

それでもうまくいかないなら、その仕事は自分に向いてないの。

それを新しい仕事に変えるのも成長なんです。

今の仕事をうまくいかせるのも成長だし、うまくいかなかったら違う仕事に変えるのも成長なの。世の中は必ず成長するようになっているんです。

〝成長〟ととらえるか、〝ダメだ〟ととらえるかなんだよ。

家の壁って、昔は土壁だったんです。土壁って、中に竹を編んで入れたの。それを土台にして土を塗って壁をつくって、それから仕上げに化粧壁を塗って完成させるんです。

昔はその竹を編む職人さんがいたんだけれど、今は土壁自体が少なくなって、その竹を編む職人さんも少なくなっちゃったんだよね。

どんなに腕のいい職人さんでも、どんなにその仕事を愛している人でも、仕事がなくなっちゃうことってあります。

でも、腕のいい職人さんには、必ずほかでその腕を生かせる仕事があるの。

神様は、「あなたは竹を編むことしかできませんよ」なんていうことはしないんだよ。もし「私はこの仕事しかできない」っていう人がいたら、それはただ思い込んでいるだけなの。「その思い込みは違うよ」っていうことを、神様が教えてくれているんだよ。

この地球という星は、ものすごく魂が成長する星なんです。
地球にいるためにはご飯も食べないといけないし、家も必要だし、服も着ないとダメなの。
だからそのために働かないといけなくて、そのことからすごく魂が成長できるようになっているんです。

理想ばっかり言っていても、それが通用しなかったら、それは今の時代に合わないか、間違ってるの。「そこから学びなさい」ってことなんだよね。

うまくいかない時ほど
そこから学ぶことができる

ひとり
悩んでいる時が、実はチャンス。
成功への道は取り組み方次第

変化

経験を重ねることで一歩ずつ成功に近づいていく

経済的な成功って、年収が一千万円以上あるとか、売り上げが一番だとか、そういうところで見ているけれど、「魂の成長論」でいう成功は、そうじゃないんです。

いろんな経験をすることで魂が成長する。そのことが成功なんだよ。

だから、たとえ事業で失敗して会社を倒産させてしまったとしても、そのことで「これではうまくいかないんだ」ということを経験したんだから、「魂の成長」という考え方からは成功なの。

経験したら、間違いなく魂は成長しているんだよ。

経験と成長はイコールなんです。あとはそれを、成功ととらえるかどうかだけなの。だから本来、失敗っていうのはないんです。

うまくいかなければ改良すればいいし、うまくいかないことがわかった分だけ成長なんだよ。でも多くの人は経済的に成功しない限り、自分が成功したと思えないんだよね。

子どもが「これ、やりたいっ！」って言った時に多くの親が反対するのは、子どもに苦労させたくないからなんだよね。

でも子どもはとにかく経験したいんです。チャレンジしたいんです。

それでうまくいかなくても、気が済めばやめるし、そのことが後々、いい経験として必ず生かされるんです。

私たちは魂を成長させるために、この世に生まれてきたんだよ。

よく、「ブレない」とか、「変わらない」ことがいいことのようにいうけれど、変わらないということは、成長してないということだよ。

常に成長するのが当たり前なの。成長することで困ることはないんです。屋久杉なんかは何千年も生きているけれど、それでもまだ成長しているんです。

成長が止まったもので生きているものはないんだよ。それに、成長するのが一番ラクなんです。止めるっていうのは、纏足《てんそく》（幼児期に足に布を巻いて成長を止める習慣）みたいなものなんです。

商売も伸びるのが当たり前なの。

ひとつダメになったら、必ずそれに代わるものが出てくるんです。

失敗は、成功へのひとつのステップ。経験こそが人を前に進めることができる

経験と成長はイコールの関係
あとはそれを、どうとらえるかだけ

決断

この世は正しいことがいくつもある

理想と現実の間で悩んだり、迷ったりしている人って多いよね。

「たった一度の人生だから、後悔のないように今を大切にして、自分の好きなことをしよう！」という思いに対して、「将来のことを考えたら、今はがまんして、これからに備えた方がいいのでは？」と考えてしまうかもしれません。

「私は私。自分の気持ちに素直に生きよう！」とすると、お金のことや生活のこと、家族のことなど、現実的なことに囚われてしまう人もいるでしょう。

これは、両方とも正しいんだよね。
こんな時は**まず、自分の選びたい方を選べばいいの。**
今も大切だし、将来も大切。
だから、自分の思ったとおりにすればいいんです。

多くの人は「どっちが正しいのか」って悩むけれど、どっちも正しいの。
大切なのは、自分がどっちを選びたいかなんだよ。
正しいことがひとつだけなら、世の中はもっと簡単だよね。

この世は正しいことがいくつもあるの。
正しいことの中から、さらに自分が選ぶ道を決めていかないといけないんだよ。人に意見を聞くと、その人にとって正しい答えを出すんです。

だから参考にはなっても、必ずしもみんなに当てはまる答えにはならないんだよね。

自分の選びたい方を選んで、失敗したりうまくいかなかったりしても、それは必ず成長につながるから意味があるんです。

特に、人間関係で起こる問題は、自分の気持ちと相手の気持ちが交差するから、すごく難しいけれど、それだけ学びも大きいの。

例えば、「本当の自分」で生きようとすると、相手と気持ちがすれ違ったり、周りから反発されたりするかもしれません。

相手の気持ちもわかるし、でも自分の気持ちも大切にしたい。

これってすごく難しいよね。

でも、それをうまく考えるのが魂の成長なの。

失敗を重ねていくうちに、だんだんうまくなってくるんだよ。

それと、「これも成長なんだ」ととらえると、その人の成長が早まるんです。

仕事がうまくいかないのも、成長に必要だから。

うまくいかない時に「失敗した」と思うのか、「これも成長なんだ」と思うかで、次の行動が変わるよね。

神様は私たちに、常に学びの機会を与えてくれているの。

失敗を与えているわけじゃないんだよ。

この世の中をずっと生成、発展するようにつくってくれているんです。

常に「未来は明るい」の。

だから、神様に祈りながら、不安に思っている人っておかしいんだよ。

それは、神様を信じてないってことなんだから。

まずは自分の直感を信じて進むべき道を選ぶ

ひとり

この世は正しいことが、いくつもある。
自分にとっての〝正しい〟答えを決めて選ぶ

思い込み

「正しいこと」という名の〝暴力〟に負けない

先日、高校2年生の女の子から、次のような相談を受けました。

「私は一人娘なので、親が苦労しないようにといい大学に入り、安定した職業に就けるようにと、小学校から私立の学校に通い、勉強も頑張ってきました。

でも私には、声優になりたいという夢があります。

特に大学に行きたいわけじゃない。

できたら、声優の専門学校に行きたいです。

そのことを親に話したら、猛反対され、『大学を出て教員資格を取ったら、専門学校へ行くお金を出してあげるから、とにかく大学だけは行きなさい』と言われました。

まだ高校生だから、自分で専門学校に行くお金はありません。

親の言うとおりにした方がよいのでしょうか？」


この子がそう思うなら、そうするしかないよね。

アルバイトをして学費を貯めることもできるけれど、その勇気がないから悩んでいるんだよ。

でも大学に行って、それから専門学校に行くこともできるし、楽しく大学生活を送っていたら、また違う道が見えてくることだってあるんだよね。

あまり、「こうしなくちゃいけない」っていう考え方にしばられない方がい

いよね。でもね、本当のことを言うと、この子は親にコントロールされること
に腹を立てているの。逆らいたいだけなんだよ。
目的は「声優になりたい」じゃなくて、「親に逆らいたい」。
「私にはこんな夢がある」とか、夢を持ち出せば味方が増えるって思っている
んだよね。味方なんかどんなに増えてもダメなんだよ。
自分が、親に逆らえるようにならなきゃ。
こういう場合って大抵、親が正しいことを言うんだよ。
この世には「正しいこと」という名の暴力っていうのがあるの。正しいがゆ
えに逆らえないんだよ。小さい時からその積み重ねで嫌になってるの。
だから、この子の本当の目的は声優になることじゃないの。
親に逆らいたいことなんだよね。

「こうしなくてはいけない」という考え方をやめよう

ひとり

親の言うことを、うのみにすることをやめ
自分の考えで自分の道を選ぶ

職業

医者よりも病人の方がエラい!? 世の中の仕事に〝正解〟はない

ひとつ前の「思い込み」のページで紹介した、高校2年生の女の子の相談に、続きがあります。

彼女の親戚は医者や国家公務員、有名大手企業に就職した人とか、優秀な人ばかりだそうで、母親は、その人たちがいかに成功して、裕福で幸せでいるかという話をいつもするんだって。

そして、その話の最後に、有名大学を卒業したけれど就職せずにお笑い芸人を目指し、売れなくてニートをしている親戚の話をして、「自分の夢を大切にしても上手くいかず、周りも不幸にしている」って言うんだそうです。

でもはたして、医者や国家公務員になった人が成功者で、お笑い芸人を目指すニートの親戚が不幸だって、誰が決めたんだろうね。


私は子どもの時に「この仕事だけは嫌だ」と思ったのが、弁護士と医者と葬儀屋さん。

この3つは、選びたくないなって思ったの。


まずは弁護士という仕事がなぜ嫌かというと、弁護士のもとに来る依頼って、人の揉め事ばかりで、心の温まるような話ってあまり来ないよね。

それと同じような理由で、医者と葬儀屋さんも嫌だと思ったの。

毎日揉め事を聞いているのも嫌だし、毎日病人の顔を見ているのも嫌だし、毎日死んだ方の顔を見ていると、「自分もすぐに死ぬんだ」っていう気になるから嫌だと思ったんです。

これはあくまでも私の意見だよ。

ただ、私は変わっているから成功もするし、本も売れるんだよね。

だから「正しい」とは言ってないの。

「変わってるよ」って言ってるんだよ。

ウチのおふくろが最初に結婚した人は、公務員だったらしいの。

おふくろは商人の家に生まれて裕福だったから「公務員ほど金にならない仕事はない」って思ったんだよね。

サラリーマンとしてはいいんだよ、安定していて。でも、羽振りのいい商人の目から見たら「あんなに苦労して大学まで出て……」って思うんだよね。ただ、公務員が素晴らしい仕事だっていうのも正しいんだよ。

商人って、うまく当てると一年に家が一軒建つぐらい儲かるの。

さらにうまくいけば、月に一軒建つぐらいに儲かるんだよね。

そうやって考えると、**何が正しいかって正解はないいんだよね。**

あのね、極論を言っちゃうと「漫才師をやって、みんなの笑い顔を見て一生暮らすのと、毎日病人の顔を見て暮らすのとどっちが楽しいですか?」っていうことなの。

それはその人の考え方で、お母さんにはお母さんの考え方があるし、娘には娘の考え方があるんだよね。

それで親子って、**大概は考え方が合わない子が生まれるようになっているの。**

ちなみに、私は自分のことを医者よりもエラいと思ってるの。

なぜかというと、私はずっと病気で患者をやっていたんだよ。

お客の方がエラいっていうのが商人の世界なんだよね。どんなに大きな病院も、お客である患者さんがいなければ成り立たないの（笑）。

自分がやってみたい仕事をすることこそが一番の幸せ

ひとり

どんな職業に就くにしても
親や人の言いなりになるのをやめる

挑戦

新しいことに直面したら、「自分の心」に素直に従う

いつの時代も、親は子どもに失敗をさせたくないんです。

でも、子どもは失敗をしたいんだよ。

経験として。

「失敗をさせたくない」と言う親は、自分自身も同じようなことで失敗した経験があるから言うんだよね。

自分と同じように失敗させたくないと思って言うんだけれど、子どもの方は

とにかく経験したいの。

経験して、そこから魂を成長させるために生まれてきたんだよ。

親の言うことを聞かない子はダメになるかというと、ほとんどの人はダメにならないの。

失敗しても、挑戦したい人っているんだよ。

そういう人の魂はフロンティアなの。

開拓者なんだよ。

人生、いつも新しいことを切り開いていこうとするんです。

こういう人は、戦うしか手がないんだよね。


フロンティアはフロンティアで楽しさがあるし、フロンティアではない人は、がまんしてる方がラクなの。

がまんしているうちに、時代が良くなっていくということもあるんです。

ファッションだって、最先端の人と、みんなが着ているのと同じものを着たい人がいるんだよ。

そんな人に、誰も着てない最先端の服を着なさいって言ってもムリなの。

世の中って、いろんな人がいて、それでバランスが取れているんです。

グズグスしていたい人は、グズグズしているうちにその人の思いとおりになるから、していればいいの。

やりたいことを戦って勝ち取る人と、戦わないで待っている人がいる。

それだけなんです。

新しいことには直感で望む
本音で生きれば、うまくいく

「失敗させたくない」という親心に
しばられず、自分の好きに生きよう

成功

がまんも苦労もしないで人生がうまくいく方法

私の言っていることは、〝変わり者の意見〟なんです。

その変わり者の意見でも、1行くらいは必ず役に立つことがあるんだよ。それって、常識論をいくら集めても、出てこない答えがあるんです。

普通の人は大概、常識論でうまくいくの。でも中には行き詰まっちゃう人がいるんだよ。

これは、そういう人のための意見なんです。

だから、私の意見はあくまでも少数派の人のための意見なの。

「登校拒否の子をどうやって学校に行かせるか」っていう本なら売れるけれど、私の意見は「学校に行きたくなければ行かなくていい」なんだよね。

そう言うと「学校に行かないと苦労する」って言うけれど、私はずっとそうやって生きてきて、全然苦労してないんだよ。

やりたくないことをやらない方が幸せなの。

それで、幸せなあなたからは幸せな波動が出ているから、周りも幸せになるのは当たり前なんだよ。

声優でもなんでも、「好きなことをやるんだから、貧しくてもいいんだ」っていうけれど、私の意見は、好きなことをやるんだから、うまくいくに決まってるの。

だって、好きなことをすることが成功なんだから。

好きなことをしている人が、成功するに決まってるんだよ。

それを周りから「好きなことばかりやっていたら大変だよ」とか「苦労するよ」って言われても、うなずいちゃいけないの。

好きなことを改良しながらやっていると、もっと成功するに決まってるんだよ。失敗なんてありえないんだよ。

神様は、人をそういうふうにつくったの。

苦労させるためじゃないんだよ。

親がなんて言おうと、先生がなんて言おうと、**がまんすることが間違ってるの。がまんすること自体が失敗なんです。**

だって、嫌なことをやってるんだから。

失敗から成功が生まれるわけがないんだよ。

トマトからキュウリがなるわけがないのと一緒なの。

やりたくないことは続けない
好きなことだけが成功につながる

ひとり

好きなことだから、自然と続いて
最後は成功することが決まっている

行動

どうしても気乗りしない時は心の中の声に耳を傾けよう

「好きなことをやってうまくいく時と、うまくいかない時がある」って言う人がいます。

でも本当は、**好きなことをすれば、必ず成功するようになっているんです。**

うまくいかないことには必ず、うまくいかない理由があるんだよ。

中には、何もやらない方に自分を追い詰めたい人っているの。

こういう人は、何もやらないことを正当化したいんだよね。

だから、何を言ってもダメな方に答えを持っていくんです。

私のように「何をやっても成功する」って思いたくないんだよ。

なぜかっていうと、そうすると行動しなくちゃいけなくなるから。


行動したくない人は、「これはダメ」「あれはダメ」って言って、やる道を塞いじゃうの。

本当は恐れてすくんでいたいんだよ。

ただ、それが悪いって言いたいわけじゃないんだよ。

魂はまだ、その段階なの。

だから、すくんでいればいいの。

そこから学ぶことが必ずあるから。

魂はすくんでいようが、拝んでいようが、何をやっていても必ず成長するようになってるんだよ。

すくんでいる人にはすくんでいる理由があるし、行動したい人には行動する理由があるの。

それは噛み合わないこともあるんだよ。

でもしばらくすると、必ず動きたくなるの。

人って、ずっと一箇所にじっとはしていられないんです。なぜかというと、じっとしていても成長する生き物だから。

そのままにしておいても、その人は成長するんです。

それに、そのままにしておいて出た答えが、一番いいんだよ。

もし、今世に動き出さなくても来世も再来世も必ずあるから、安心して人生を楽しんでください。

行動したくない時はムリをしない
前に進みたくなるのを待とう

ひとり

うまくいかない時は、立ち止まってもいい。
「やりたい」タイミングを待って行動しよう

第3章

自分の機嫌を自分でとるとうまくいく

機嫌

〝本当の自分〟を生きるために自分を分析してみよう

これをすれば、必ず人生が好転するという方法があります。
それは**「自分の機嫌は自分でとる」ということです。**
これってすごく簡単なようで、きちんとできている人って少ないんだよね。

〝本当の自分〟を生きてる人は、常に自分の機嫌を自分でとっています。
自由に、そして楽しく生きている人もやっぱり、自分の機嫌は自分でとっているんです。

ただ、**この「自分の機嫌をとる」のにも段階があるの。**

例えば、動きたくない人間は、動きたくない理由を並べて、自分の機嫌をとっているんだよね。

そして、そのうち「そのままじゃどうにもならない」っていうことがわかってくると、また別な理論を考える。

魂の成長の段階によって、思うことも言うことも変わってくるの。そのことがわかっていると、ものすごく成長が早くなるんだよ。

よ〜く自分を分析してみると、「私のこの気持ちは恐れから来ているんだ」とか、「そのうちにこれも直るよ」とか、その段階に応じた機嫌のとり方がわかってくるんです。

これってピラミッドや階段と同じで、飛ばすことができないの。

ただ、早く行くことはできるんだよ。

ピラミッドの石を抜いて、一箇所だけ宙に浮かせることってできないのと一緒で、その段階がなくなっちゃうことはないの。

それで、早く行くことはできるけれど、3段目で一生かかっちゃう人もいるし、3日で乗り越えちゃう人もいるんだよね。

ただ、3段目で自分はとどまっているように思えても、必ず成長しているんです。

木の年輪というのは、冬の間は小さくなるの。だけど、年輪ができることから見ても成長しているんだよね。

成長しないことはできないの。

どれほどどうしようもない人間でも、成長はしているんだよ。

自分の機嫌を自分でとると人生はきっとうまくいく

いいことも悪いことも受け止め方次第。好きに生きれば、人生はうまくいく

感情

イラッとした時は自分で受け止めて、成長につなげよう

「自分の機嫌は自分でとるんだよ」という話をすると、たまに「車の運転中に横入りされるとムカッときたり、お店で店員の態度が悪いとイラッとしたりして、自分の機嫌がうまくとれません。これは心のゆとりの問題なのでしょうか？」って言う人がいます。

でもそれは、当たり前なの。

苦いものを食べれば苦いと思うし、嫌なヤツが出てきたら「嫌なヤツだ」と思うのは、当たり前の反応なんです。

ただ問題は、そのあとなんだよ。

お膳をひっくり返すヤツもいるし、暴れるヤツもいるし、ただ「嫌なヤツだなぁ」と自分の心にとどめる人もいるの。自分の対処の仕方の問題なんです。

苦いものを食べて甘く感じることはできないのと一緒で、嫌なヤツを見れば嫌なヤツと思うよね。

そう思ったあとの行動が重要なんです。

自分がもっと嫌なヤツになることもできるんだよ。

その逆に、いいヤツでいることもできるの。

ただあまり、今の自分のレベル以上になろうとしない方がいいよ。

いきなり高僧のような、悟りきった人みたいに、何を見ても怒らないとか、しない方がいいの。

車の運転で「あおり運転」をして、相手を殴ってしまう人はよく、「最初に向こうがやった」って言うんだよね。

ちょっとしたことをやったのかもしれないけれど、普通の人は「なんだよ、もう。危ない運転だなぁ。しょうがないなぁ」ぐらいでおさまるの。

追っかけて殴ったりまではしないんだよね。

嫌な気分になるのは誰でも同じなの。

それをどこまで出していいかなんです。

経験していると、だんだんわかってくるの。どんな人でも80歳くらいになればわかるし、それがダメなら来世があるんだよ。前世は、刀を振り回していたのかもしれないしね。

そう考えると、きちんと成長しているんだよね。

嫌なことにイラッとしても
そのあとの対処が大事

ひとり

自分がもっと嫌なヤツになることもできる。
でも、いい人になることもできる

完璧主義

子育て、仕事……ムリにマニュアルに従わなくていい

子育て中のお母さんからはよく、こんな質問がきます。

「子どもがグズったり不機嫌にしたりしていると、つい、子どもの機嫌をとってしまいます。これは甘やかしにつながって、自分の機嫌を自分でとれない子に育ってしまうのではと心配になります。どうすればいいでしょうか？」

こういうお母さんは完璧を望みすぎるの。優しくすると甘やかしてるんじゃないかなとか考えていると、何もできなくなるよ。適当でいいんだよ。

子育てでもなんでも、マニュアルみたいなものがあるよね。

それで、その**マニュアルからちょっと外れちゃうと、大変なことになると思うけれど、ならないいんだよ。**

ウチなんかは子どもの数が多かったから、口で注意するよりも手の方が早かったんだよね。それとか「ダメでしょ！」と言うと同時に手が出るとか（笑）。それが教育だったんだよ。

それでウチのおふくろが、「私の自慢は、子どもたちを一度も叩いたことがないこと。だって、自分で産んだわが子を叩けるわけがないじゃないの」って真剣に言ってたんだよ（笑）。私はそれを聞きながら心の中で「俺は相当やられたけどね」って思ったよ。ただおふくろにしてみれば、叩いたわけじゃなく、教育だったんだよ。それでも子どもは育つんだよ。

兄弟みんな殴られてたけれど、きちんと愛を感じてるの。殴られる時は大抵、こっちが悪いんだよね。

人生はマニュアルどおりにならない
完璧を望みすぎない

マニュアルから外れても、人生は大丈夫
「何をやりたいのか」、その思い＝愛が大事

世間

世間の悪いニュースではなく、自分のできることに集中する

完璧を望むのもそうだけど、理想を追いかけすぎるのも良くないね。

テレビのニュースで、凄惨な事件とかが起こるのを見て、「世間からこういう事件を起こすような不機嫌な人をなくすには、どうすればいいですか？」って聞く人がいるけれど、いちいち世間を持ち出さない方がいいよ。

自分の機嫌は自分でとる。

それ以上でも、以下でもないの。

例えば、あおり運転でも、自分があおり運転をしないようにはできるけれど、

世間からあおり運転を完全になくすことはできないんだよ。

減らすことはできるよ。あおり運転をしたら即免許停止にすれば、かなり減らすことができるよね。

学校のいじめだって、どんなに成績が良くても内申書に「この子はいじめをします」って書かれたら、どの高校も取ってくれなくなって、いじめをやめる子は増えるよね。

学校ってね、勉強を教えるところだと思っているけれど、心を養うところでもあると思うんだよね。いじめられている子を助ける子と、いじめている子を同等に扱うのはおかしいんだよ。

「いじめる子はウチの学校ではいりません」とか「ウチの会社では採用しません」ってなれば、いじめはもっと減ると思うんだよね。

世の中の悪い知らせを見聞きして理想を追いかけるのをやめる

ひとり

ムリに「世の中」を変えようとはせず、
自分の機嫌は自分でとる

怒り

心の中から楽しいことだけをすると、怒りは消える

近年、書店では「怒らない技術」とか、〝怒り〟をテーマにした本が売れているそうです。

みんなきっと「できれば怒りたくない」って思ってるんだよ。

でも、「怒らない」ことはできないの。

ではどうすればいいかというと、遊ぶことだよね。

楽しい遊びをいっぱいしていると、捕まるようなことをすれば、その楽しい遊びができなくなるんだよ。

あおり運転でも、追いかけて相手を殴ると捕まるの。

そんな人がもし、彼女が5人も10人もいたら、捕まりたいか、彼女のところに行きたいか、どっちがいいかは考えなくてもすぐにわかるよね。

釣りが好きな人なら、釣りに行くのと、刑務所に行くのとどっちがいいかとかね。

普段からつまらない人生を送っているから、そうなるんだよ。

面白くて楽しい人生を送っていたら、それと引き換えに失うようなことはしないいんだよね。

だから、自分が幸せで楽しく遊ぶというのは、みんなのためでもあるんです。

これからは、ますますいい時代が来るんだよ。

あなたが幸せで楽しくしていると、その波動で周りも幸せにするの。

これから二千年かけてそれを学ぶんです。

何かにつけて、子どもの将来に口出しをするようなお母さんは、自分の遊びが足りないんだよ。自分が遊んでないから、子どもが遊ぶのが許せないの。

人間っていうのは同じことをしたがるんです。

結婚して不幸なお母さんっているでしょ？

そういうお母さんは、子どもにやたら結婚させたがるの。

自分が楽しくて幸せなら「しても、しなくてもいいよ」って言うけれど、「結婚はしなきゃダメよ！」って言っている人で、本当に幸せな人っていないんだよね。

怒りを消そうとせずに「楽しい遊び」を増やしていく

ひとり

自分が楽しくて幸せなら
その波動で周りも幸せになる

モテる

40人が惚れる人ってどんな人か、考えると本質が見えてくる

先日、ある人からこんな相談を受けました。

「僕の彼女はたまに不機嫌になります。その原因は僕と会う時間が短いとか、ほかの女の子の話をしたとか……。僕のことが好きだから怒っていることなので、がまんしたり、機嫌をとったりしたのですが、だんだん疲れてきます。そんな彼女が、自分の機嫌を自分でとれるようにするために、僕はどうすればいいでしょうか？」

これに対して、私はこう答えたの。

「あと2、3人彼女をつくることだね（笑）。彼女の数が足りないんだよ」

あのね、「彼女（彼氏）40人説」っていうのがあってね。

最近、私が唱えているんだけど（笑）。罪を犯すような人も、彼女（彼氏）が40人いたら、悪いことはしなかったんだよ。

そうやって、いろんなことを**「もし、40人彼女（彼氏）がいたら」って考えると、本質が見えてくるんです。**

いろんなことを言うけれど、結局はモテないのが原因なんだよ。

それで、モテるなんていうのはわけないの。

モテたいのなら、相手が必ず自分に惚れちゃうような人間に成長すればいいんだよ。

愛だとかなんとか言っているけれど、結局は数が少ないだけなんです。

だって現実にもし彼女（彼氏）が40人いたら、そんなことしないもん。

だから、魂を成長させるためには、彼女（彼氏）が40人必要なんだ。

私が言ってることは、正しいんじゃないだよ。**バカバカしいことを言ってると、人間は腹が立つことも少ないの。**

腹が立っている人って、必ず真面目な正論を言うんだよ。彼女（彼氏）を40人つくるっていうのは正論じゃないから、どこへ出しても筋が通らないいんだよ。

ただ、そう思ってる自分は楽しいんだよね。

結局のところはやっぱり、**どうやって自分の機嫌をとるかが大事なの。**「彼女（彼氏）一人でも大変だ」と思うかもしれないけれど、本当に40人できるくらい魅力的になったら、展開が違ってきちゃうんだよ。

「本当に40人」って思うと「40人が惚れる人間ってどんなだろう」って考えるよね。

40人が惚れちゃうぐらいだから、よほど魅力があるんです。ごちゃごちゃ言われるのは、魅力がないからなんだよ。

正論を出してうまくいかない時は、時々こうしたバカバカしいことを考えてみるのもいいと思うよ。

人間って、時々バカバカしいことを考えないとダメなんだよね。

正論で考えてうまくいかない時は、バカバカしいことを考えてみる

ひとり

不機嫌な人に振り回されるのではなく、自分がもっと魅力的だったらと考えてみる

自分

「渡る世間は鬼ばかり」。鬼が出てきたら退治すればいい

「自分の機嫌を自分でとる」って本来、当たり前のことなんです。

なぜかっていうと、この世の中で一番重要なのは自分だから。

他人に自分の機嫌をとらせる人って、自己重要感が低いの。自分でとれないから、他人にとってもらおうとするんだよね。それと、他人の行動や言動がいちいち気になってしまうのも、自己重要感が低い証拠。でも、よ〜く考えてみてほしいんだけれど、この世に自分以上に重要な人っているの？

だって、寒くて布団から出たくない夜中に、自分の代わりにトイレに行って

くれる人はいないし、自分のために、こんなにこれだけ必死でがんばってくれる人っていないんだよね。

他人の意見の中には、自分を潰そうとするものがあるの。

相手は、自分の得になることや、自分の意に沿うこと以外は否定するんだよ。

そこで自分が潰されるか、反発するかの問題が重要なんです。

「親にこう言われた」とか「先生にこう言われた」って言うけれど、言われるよ。そんなの当たり前なの。いちいちそんな当たり前のことで潰れちゃったり、自分の重要感を低くしていたりしたらダメなんだよ。

「渡る世間は鬼ばかり」って言うけれど、鬼が出てくれば退治すればいいの。

みんながよく知っている『桃太郎』の話の中に、鬼退治って出てくるけれど、鬼退治は面白いんだよ。

だって、犬やキジは、吉備団子しかもらってないのについていくんだから。

自分の機嫌をとることができるのは自分だけ

親や周りの人のせいにするのではなく
自分の進むべき道は自分で選ぶ

味方

身近な人に誠実に接すると、味方になる人が増えていく

これはあくまでも私がこう思ってるってことなんだけれど、「一人さんはなんでこんなにうまくいくんですか？」っていうと、神が助けてくれるし、龍も味方してくれるんです。

どうして味方してくれるのかというと、キレイに生きているからなんだよ。

私は商売をしてるけれど、汚いやり方で金儲けをしたことは一度もないの。よく「金持ちは汚い」って言うけれど、キレイな金持ちにだってなれるんだよ。

龍っていうのは、最高にキレイな生き物なんです。だから、汚く生きてて、

龍に味方してもらおうなんてできないんだよ。

どんな拝み方をしてもダメ。

というか、拝み方なんてどうでもいいの。

それよりも、キレイに生きていれば、龍が味方してくれるんだよ。

それに、キレイに生きていると世間も味方してくれるんだよ。

さらに神が味方してくれて、龍神様も味方してくれて、それで失敗するわけがないよね。

みんなキレイなものが大好きなの。女性にモテるのでも、キレイに生きていれば自然とモテるんだよ。

この宇宙はキレイなの。

自然もみんなキレイなんです。

海には海流が流れてるの。

海流という龍がいるんだよ。
空には上昇する気流があって、それを昇り龍っていうの。
さらに、雨になって大地を潤す下り龍もいるの。
そして、全部が全部、キレイなんだよ。
強い嵐が来るということは、それだけこの地球が汚れてるんだよね。
その汚れを嵐が一掃してくれるの。
台風一過がキレイなのはそのおかげなんです。
だからもっと、みんなでこの地球をキレイにすることを考えた方がいいよね。
じゃないと、もっと強い嵐が来ちゃうよ。
龍に味方してもらうのには、複雑なことはいらないんだよ。
大工ならキレイな大工、かっこいい大工になればいいんだよ。
商人ならキレイな商人になればいいの。

私は商売をやっていて、取り引きする相手を泣かせたことは一度もないんです。とにかく、なんでもキレイに生きた方がいいの。

見た目もキレイな方がいいし、言うこともキレイな方がいいし、やることもキレイな方がいいよね。

キレイにしていると世間が味方してくれるし、神も味方してくれる。誰の味方も得ずに成功するなんて、難しすぎるからやめた方がいいよ。

キレイに生きれば周りのみんなが味方してくれる

ひとり

仕事でも人間関係でも、信頼を得られるようにキレイに生きていこう

第4章

抑圧から自分を解放して「本当の自分」を取り戻す

ひとり

はなゑ解説

はなゑ解説

本当の自分

「抑圧された心」が本当の自分を見失わせる

ここまでの一人さんの話をふまえた上で、少し私の説明を補足させていただきます。

まず、一人さんは「**魂を成長させるためには、本当の自分の気持ちに従えばいいんだよ**」**と言いました。**

でも多くの人が、本当の自分の気持ちに従うことができていません。

その一番の原因は〝抑圧〟です。

小さい頃から親や先生といった周りの人たちに「それではダメ」とか「こうしないといけない」と言われていると、自分の本心が抑えつけられてしまいます。

それが続くとだんだん抑圧された自分の心、つまり、周りから「こうしなさい」と言われたことを〝自分の気持ち〟と思うようになり、本当の自分がわからなくなってしまうのです。

自分の心がどれだけ抑圧されているかは、なかなか自分では気づけません。

自分が考えたり、思うこと自体にバイアス（偏見）がかかっているからです。

さらにややこしくさせているのは、そのバイアスは世間から見たら真面目だったり、立派だったりします。

真面目や立派が決して悪いわけではないのですが、それが抑圧の道具に使われる時、一人さんの言う「正しい暴力」になるのです。

例えば、「人に喜んでもらう」というのはとてもいいことです。

ただ、中には自分を犠牲にしてまで人に喜んでもらおうとする人がいます。

その原因はやはり、抑圧です。

本当の自分を生きている人も、人に喜んでもらうことを自分の喜びにします。

でもそれには前提があるのです。

どんな前提かというと、「**自分も楽しみながら**」です。

決して、自分を犠牲にしたり、自分ががまんしてまで人を喜ばせようとはしません。

もしあなたが毎日をスッキリと過ごしていないとすれば、それは本当の自分を生きていない証拠です。

なぜかモヤモヤしたり、意味もなく不安にかられたり、いつも何かにイライラしている。こういうのも、本当の自分を生きていないからなのです。

まず人に喜んでもらうことから始めよう

ひとり

真面目や立派な考えが悪いわけではない。でも、自分を抑え込まず、喜びを見出そう

人生の軸

他人と比べるのではなく、本当の自分の気持ちを大切にする

はなゑ解説

本来、魂が成長している時って、人はワクワクしています。

だから、**自分がワクワクすることをずっとやり続けていることが「本当の自分の気持ちに従って生きる」ということであり、魂が一番成長する生き方なんです。**

でも、抑圧されている人のワクワクには注意が必要です。

抑圧されている人は、他人に認められること自体にワクワクします。

抑圧されてなく、自由に生きている人にとっても、他人に認められることは嬉しいことではあります。

ただ、他人に認められること自体が行動の目的になったり、自分を犠牲にしてまで他人に認められようとはしません。

あくまでも主体は自分なので、他人の評価に惑わされて自分を見失うこともないのです。

抑圧されていると、それが劣等感として表れる人もいます。

常に他人と自分を比べて「劣っている」と感じたり、自分に自信が持てず、新しいことにチャレンジする勇気も湧いてきません。

周りの人の言動が気になって一喜一憂したり、人に振り回されたりしてしまいます。

何をするにしても周りの反応に左右されてしまう。つまり、〝他人軸〟で生きてしまっているのです。

こうした状態から抜け出すには、とにかく自分を抑圧から解放してあげることです。

抑圧から自分を解放し、とことん自由にしてみれば、本当の自分の気持ちに気づけます。

本当の自分に気づいて「真の楽しい」を体感することができれば、あとはその気持ちに従えばいいのです。

そうすれば〝自分軸〟ができて、本当の自分を生きることができるのです。

人生を〝他人軸〟ではなく、〝自分軸〟で生きていこう

ひとり

他人に認められようとするのではなく、
自分がワクワクすることを優先する

断ち切る

「理想と現実は違うから」という理由で、「好き」をあきらめない

はなゑ解説

一人さんが言う「もっと楽しく生きようよ」というのも、抑圧されている人にとっては間違った理解をされてしまう恐れがあります。

抑圧されている人は、自分の中にモヤモヤを溜め込んでいます。

そのモヤモヤが溜まると、外に吐き出したくなるんです。

そこでどうするかというと、自分が受けた嫌な気持ちを同じように誰かにさせようとします。

一時的にはスカッとした気持ちになるかもしれませんが、それは逆に負の連

鎖を生むだけで、モヤモヤを解消したことにはなりません。

誰かから奪われたエネルギーを、また別の誰かから奪おうとする。

それが、いじめや虐待などにつながってしまいます。

どこかで、負の連鎖は断ち切らないといけないのです。

そのために必要なのが「魂の成長」であり、さらに言えば「魂が成長している時の真の楽しさ」に気づくことです。


多くの人は、**「魂を成長させるためには、大変な思いをしないといけないとか、「何かに耐えないといけない」と思うかもしれませんが、そんなことはありません。楽しいことが魂の成長なんです。**

よく「理想と現実は違うから」という理由で、楽しいことや好きなことをあきらめたり、やめたりする人がいます。

でも、そんな必要はないんです。

なぜかというと、そこには必ず魂を成長させるものがあるのです。

例えば、歌うことが大好きで、「将来、歌手になることが夢だ」という子がいます。

親からは反対されているのですが、それでもあきらめきれず、自分のやりたいこと、好きなことを追求していくと、そこには必ず魂を成長させる機会が待っているのです。

歌手として成功しなかったとしても、素晴らしい出会いがあったり、新しい仕事に巡り会えることもあります。

私もずっと喫茶店がやりたくて、親にお金を出してもらって始めました。喫茶店の経営はうまくいきませんでしたが、そこで自分の一生を決定づけるような、素晴らしい出会いを得ることができました。

私の両親は、私が「喫茶店をやりたい！」と言っても反対せずに応援してくれましたが、多くの親は子どもが「これ、やりたい！」と言った時に、子どもに苦労させたくないから反対します。

でも、**人は、もっというと魂は、「とにかく経験したい」「新しいことや難しいことにチャレンジしたい」ものです。**

それでうまくいかなくても気が済めばやめるし、そのことが後々、いい経験として必ず生かされるんです。

自分がやりたいことをすると
すべての経験が生かされていく

自分の中にモヤモヤした気持ちを溜めず
間違った思いは断ち切る

人間関係

嫌なことには「ノー」と言う。人間関係の大切なポイント

はなゑ解説

「魂の成長」を考える上で、切っても切り離せないのが〝人間関係〟です。

人は、家族や仕事などのさまざまな人間関係を通して、魂を成長させていきます。仕事でも家庭でも、人間関係がうまくいっていれば楽しいし、幸せです。

逆に人間関係がうまくいっていないと、どれだけ経済的に成功していたとしても、真の幸せを実感することはできないでしょう。

人間関係をうまくやっていくためには、〝コツ〟があります。

そのコツを、多くの人が勘違いしているんです。

例えば、「人とうまくやっていくためには、自分の気持ちは抑えて、相手に合わせなければならない」とか「相手の気持ちや意見を尊重して、自分はがまんした方がいい」といったことを、人間関係がうまくいくコツだと思っている人がいます。

さらには、「みんなから好かれないといけない」と思っているんです。

でも、**本当に人間関係がうまくいっている人って、きちんと自分の意見や気持ちを相手に伝えて、自分が嫌なことは「ノー」と言います。**

だからといってわがままにはならず、きちんと相手のことも尊重して、思いやりと愛を持って接します。

人間関係がうまくいかない人の特徴は、嫌な人の言うことを聞いてしまうんです。

そうやって、自分の中にモヤモヤを溜め込んでいると、いつまでたっても苦しみから逃れることができません。

親が子どもの将来について、いろいろと口出しをするような家族は、実は少なくありません。その中で育つと「親の意見には従わないといけない」という考え方が前提にあって、苦しくなります。

親の言うことに従って生きてきた子が気をつけないといけないのは、「親の許可を取らないと動けない」という習慣が身についてしまうことです。

そうなると、いつまでたっても自立できなくなってしまいます。

就職して会社に行っても「上司のいいなりになってしまう」ということになってしまいかねません。「他人の承認がないと自分が動けない」という思考回路が、身についてしまっているんです。

相手のことを尊重しながら自分の考えをきちんと伝えよう

ひとり

人間関係にがまんは禁物。「みんなから好かれたい」を捨てよう

悩んだら

モヤモヤと悩んでいる時に、すぐに行動した方がいい理由

はなゑ解説

もしあなたが、人間関係に悩みや問題を抱えていたとしたら、自分が間違って身につけてしまった思考回路や固定観念を一度、疑ってみた方がいいかもしれません。

人って大なり小なり、間違った考え方を知らないうちに身につけてしまうことってあるんです。

私は世間の人と比べたら、かなり自由な性格なので（笑）、そうした固定観念は全然ないと思っていました。

それでも、一人さんと話すとたびたび、自分が間違って身につけた考え方に気づかされることがあります。

結局のところ**魂の成長とは、その過程の途中で身につけてしまった、間違った固定観念に気づき、自らの視野を広げていくこと**だと思うんです。

一人さんの話を聞いていると、毎回、目から鱗がポロポロと落ちて、スッキリとして視界が広がっていくような感じです。

それはもちろん、私だけではありません。

私の周りにはだんだん「嫌なことはやってられない！」という人が増えています。さらにその本人だけじゃなく、家族まで巻き込んで人生がどんどん良くなっているんです。

自分の視野を広げていくためには、ただ思い悩んでいるだけでは広がりませ

ん。間違ってもいいから「一歩前へ」進むことが大事です。

人生って一事が万事で、たまに車でどっかの駐車場に入って、出る時にどっちの方向に行けばいいか、わからなくなってしまうことがあります。

そんな時に「どっちだろ、どっちだろ?」と考えていると、ずっと動くことができません。

でもとにかく、どっちでもいいから一歩前へ出てみれば、自分がどっちに向いて走っているかがわかります。

だからやっぱり、**思い悩んでいるよりもまず行動した方が、早く問題を解決できるんです。**思い悩んでいる人にとって、今は深い森をさまよっているように感じるかもしれません。

でもあなたが勇気を出して一歩進んだその先には、必ず明るい、まだ見ぬ世界が広がっていることを忘れないでくださいね。

間違ってもいいから一歩前へ。魂が成長すれば視野が広がる

自分の中に凝り固まった固定観念はともかく行動することで解決していく

「幸せの扉」って幸せの色をしているし、いい匂いがするし、キレイなの。

すごくわかりやすくなっているんです。

それを多くの人が間違って「苦労の扉」を開けちゃうんだよ。

なぜそうなるかと言うと、思い込まされてるの。

「幸せになるためには苦労がいる」とか、「自分は幸せになっちゃいけない」とか、さらにはそういうことを言っていると、幸せが来ると思ってるんだよ。

あなたがそのことに気づいて、目の前の「幸せの扉」を開けて進んでいくことを、心から願っています。

斎藤一人

著者略歴

斎藤一人（さいとう ひとり）

実業家、「銀座まるかん」（日本漢方研究所）の創設者。

1993年以来、毎年、全国高額納税者番付（総合）10位以内にただ1人連続ランクインし、2003年には累計納税額で日本一になる。土地売却や株式公開による高額納税者が多い中、納税額はすべて事業所得によるものという異色の存在として注目される。

著書に『変な人の書いた成功法則』（総合法令出版）、『微差力』（サンマーク出版）、『絶対！　よくなる』（PHP研究所）、『使命　いますぐ楽しくなる、一生楽しくなる』（KADOKAWA）、『斎藤一人　絶対、なんとかなる！』（マキノ出版）、『斎藤一人　人生がなぜかうまくいく人の考え方』（小社刊）などがある。

監修者略歴

舛岡はなゑ（ますおか　はなえ）

斎藤一人さんの名代。

東京都江戸川区生まれ。喫茶店「十夢想家」で斎藤一人さんと出会い、事業家に転身、成功をおさめる。さらに、一人さんの教え——本当の自分に気づき、幸せで豊かに生きる智恵——の面白さを体感できる、今までにない「楽しい妄想ワーク」を開発。一人さんの教えをお口伝えする講演活動を行う。また、一人さんの教えの実践版「美開運メイク」の講師養成、癒しのセラピストの養成、そして執筆活動と、活躍の幅を広げている。

著書は『斎藤一人 奇跡のバイブル』『斎藤一人 悩みはなくせる』（ともにPHP研究所）、『斎藤一人 奇跡を起こす「大丈夫」の法則』（マキノ出版）、『斎藤一人 この先、結婚しなくてもズルいくらい幸せになる方法』（宝島社）ほか多数。

「舛岡はなゑ講演会」「美開運メイク」
「斎藤一人 生成発展塾 舛岡はなゑスクール」
に関するお問い合わせは、
銀座まるかんオフィスはなゑ　☎03-5879-4925

「運」がどんどん良くなる！
斎藤一人　人生がすべてうまくいく〝魂〟の成長

2020年9月4日　第1刷発行

著　者　　斎藤一人
監　修　　舛岡はなゑ

発行者　　長坂嘉昭
発行所　　株式会社プレジデント社
〒102-8641　東京都千代田区平河町2-16-1
https://www.president.co.jp/
電話：編集(03)3237-3732
販売(03)3237-3731

ブックデザイン　池上幸一
出版プロデュース　竹下祐治
編集　岡本秀一
制作　佐藤隆司(凸版印刷)
販売　桂木栄一、高橋 徹、川井田美景、森田 巌、末吉秀樹、神田泰宏、花坂 稔
印刷・製本　凸版印刷株式会社

ISBN978-4-8334-2380-9

Printed in Japan

斎藤一人さんとお弟子さんなどのサイト

柴村恵美子さんの

ブログ　https://ameblo.jp/tuiteru-emiko/
ウェブサイト　https://emikoshibamura.ai/

みっちゃん先生の

ブログ　https://ameblo.jp/genbu-m4900/

宮本真由美さんの

ブログ　https://ameblo.jp/mm4900/

千葉純一さんの

ブログ　https://ameblo.jp/chiba4900/

遠藤忠夫さんの

ブログ　https://ameblo.jp/ukon-azuki/

宇野信行さんの

ブログ　https://ameblo.jp/nobuyuki4499/

高津りえさんの

ブログ　https://ameblo.jp/takatsu-rie/

おがちゃんの

ブログ　https://ameblo.jp/mukarayu-ogata/

恋川純弥さんの

ブログ　https://ameblo.jp/abcdefg-1234-0306/

恋川純さん（桐龍堂 恋川劇団）の

ウェブサイト　https://koikawagekidan.com/

斎藤一人さんの公式ブログ

https://ameblo.jp/saitou-hitori-official/

一人さんが毎日、あなたのために、ついてる言葉を日替わりで載せてくれています。ぜひ、遊びに来てください。

舛岡はなゑさん最新情報

監修者、舛岡はなゑさんの最新情報については以下をご確認ください。

YouTube
はなちゃんねる

舛岡はなゑ
講演会日程

※ブログ
https://ameblo.jp/tsuki-4978/

※インスタグラム
https://www.instagram.com/masuoka_hanae/?hl=ja

一人さんファンなら、一生に一度はやってみたい

大笑《おおわらい》参《まい》り

無料

ハンコを9個集める楽しいお参りです。
9個集めるのに約7分でできます。

場所:
一人さんファンクラブ
JR新小岩駅南口アーケード街徒歩3分
年中無休(開店時間10:00〜19:00)
東京都葛飾区新小岩1-54-5
電話:03-3654-4949

金運祈願
恋愛祈願
就職祈願
合格祈願
健康祈願
商売繁盛